Cuentos de hadas clásicos con un giro

Mamá ganso anda por las nubes

Escrito por Shannon Anderson

Ilustrado por Gal Weizman

Traducción de Pablo de la Vega

Un Libro de la Sirena

SEAHORSE PUBLISHING

Había una vez una mamá ganso. Caminaba con sus ansarinos al aire libre cuando sucedió un terrible accidente.

La familia Ganso hacía su acostumbrado paseo de la tardes por el parque para ir al estanque. Al pasar al lado del campo de béisbol, ¡una pelota perdida le pegó a mamá Ganso directo en la cabeza! Se cayó y se quedó ahí, aturdida.

Sus ansarinos la rodearon.

—¡Mamá! ¿Estás bien?

Afortunadamente, abrió los ojos y sonrió. Pero entonces, abrió el pico para hablar.

—¡Buenos días, mis lindos patitos!

—Mamá, ya casi es hora de ir a dormir. No es la mañana —dijo el más pequeño.

—¡Y no somos patitos! —dijo otros ansarino.

—¡Ay, qué boba! —dijo mamá Ganso—. Vayamos a casa y contemos historias para ir a dormir.

Todos caminaron a casa y se acomodaron en el nido. Ahora, mamá Ganso tenía un chichón en la cabeza del tamaño de un huevo de ganso.

La hora de ir a dormir era la favorita de todos. Mamá Ganso siempre cantaba las mejores canciones de cuna. Se las sabía todas de memoria.

—¿Puedes comenzar con
«Arrorró mi niño», mamá?

—¡Claro! —dijo mamá Ganso.

»Arrorró mi Jeep
Arrorró mi acción
Arrorró pedazo
De mi diversión.
Este auto mío
Se quiere descomponer
Y su pícara campana
No quiere encender.

—Mmm, ¿mamá? ¿Estás segura de que eso dice?

—¡Por supuesto! ¿Qué otra canción les gustaría oír?

—Queremos oír «María tenía un corderito» —dijo un ansarino.

—María tenía una galletita graham
Y un delicioso malvavisco.
Los puso en la fogata.
Para tostarlos y que derritieran rico.
Agregó un chocolate con la pata.
E hizo el s'more más único.

Se lo comió pico que pico
Y con todos los dulces acaba.

—Mamá, ¿segura que estás bien? —preguntó otro ansarino.

—Estoy bien. Es sólo un chichoncito. Mañana habrá desaparecido. ¿Qué más quieren escuchar?

—Quiero la de «Abuelita te cantaba» —rogó un ansarino.

—Abuelita en el zoológico
Que es muy ecológico.
Te baña de noche,
Como las estrellas.
Te quiero con aguas,
Y sin burbujas,
Tú eres desde anoche
El más lindo del bosque.

—¡Sin burbujas! Eso es triste —dijo un ansarino.

—Eso no dice la canción —dijo otro ansarino.

—¿Quieren escuchar otra antes de ir a dormir? —preguntó mamá Ganso.

—¡Si! ¡Jack y Jill!

—Jack y Jill fueron hacia la cocina
Querían cocinarse uno rico kebab
Jack se distrajo y la comida quemó
Jill quiso ayudarlo y se resbaló.

—¡Mamá! —dijo un ansarino riendo—. ¡Esa no es la canción de Jack y Jill!

—Mi cerebro está un poco confundido esta noche. ¿Quieren que probemos con otra?

—preguntó mamá—. ¿Qué les parece «Duérmete calcetín» o «Los tres ratoncitos»?

—Mamá —habló uno de los ansarinos—, llamamos al médico y nos dijo: «No más canciones de cuna con chichones en la cabeza».

—Sí —dijo otro ansarino—, ponte hielo en la cabeza y descansa. Cantaremos más mañana en la la noche si te sientes mejor.

Cuando los ansarinos despertaron la mañana siguiente, la cabeza de mamá estaba normal. Desde ese día, evitan pasar cerca del campo de béisbol y caminan directo al estanque y regresan antes de la hora de ir a dormir. Así, todos estos gansos vivieron felices para siempre.

Escrito por Shannon Anderson
Traducción de Pablo de la Vega
Ilustrado por Gal Weizman
Diseño de Under the Oaks Media
Desarrollo de la serie de James Earley
Editora Erica Ellis

Library of Congress PCN Data
Mamá ganso anda por las nube / Shannon Anderson
Cuentos de hadas clásicos con un giro
ISBN 979-8-8904-2580-5 (hard cover)
ISBN 979-8-8904-2854-7 (paperback)
ISBN 979-8-8904-2878-3 (EPUB)
ISBN 979-8-8904-2866-0 (eBook)
Library of Congress Control Number: 2024932665

Printed in Canada/012025/CP20250101

Seahorse Publishing Company
www.seahorsepub.com

Published in the United States
Seahorse Publishing
PO Box 771325
Coral Springs, FL 33077

SEAHORSE PUBLISHING